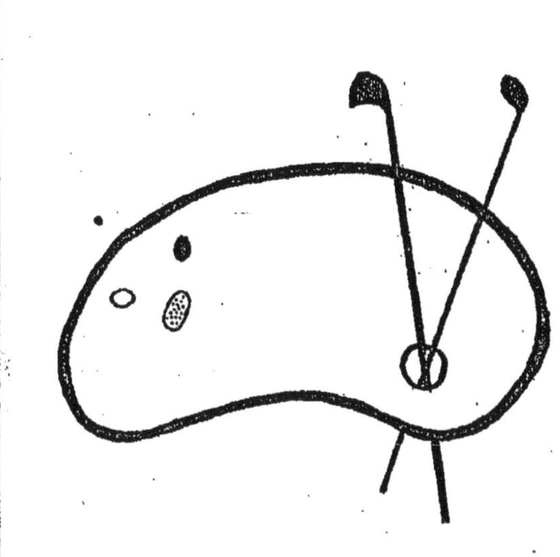

DEBUT D'UNE SERIE DE DOCUMENTS
EN COULEUR

SCIENCE ET RELIGION
Études pour le temps présent

L'APOLOGÉTIQUE

DE

LACORDAIRE

PAR LE

R. P. J.-D. FOLGHERA

des Frères prêcheurs

PARIS

LIBRAIRIE BLOUD & Cie

4, RUE MADAME ET RUE DE RENNES, 50

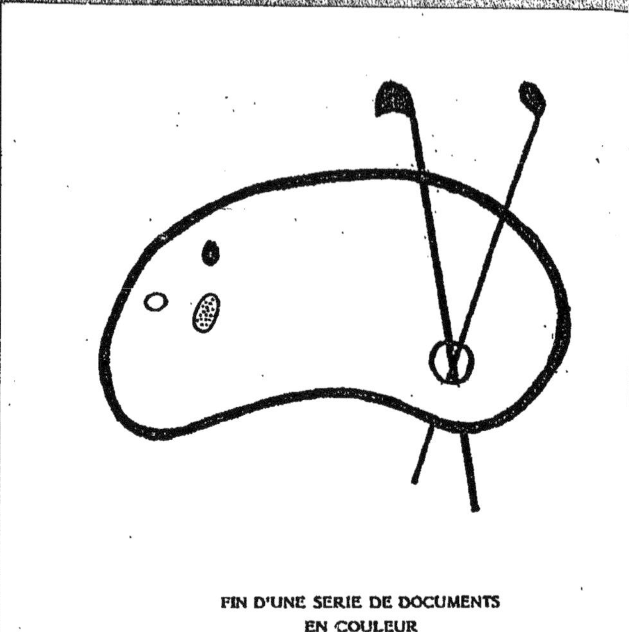

FIN D'UNE SERIE DE DOCUMENTS
EN COULEUR

SCIENCE ET RELIGION
Études pour le temps présent

L'APOLOGÉTIQUE

DE

LACORDAIRE

PAR LE

R. P. J.-D. FOLGHERA
des Frères prêcheurs

PARIS

LIBRAIRIE BLOUD & Cie

4, RUE MADAME ET RUE DE RENNES, 59

DANS LA MÊME COLLECTION

Avec l'autorisation des Supérieurs.

PERMIS D'IMPRIMER

Paris, le 13 mars 1905.

H. ODELIN, v. g.

CHAPITRE PREMIER

L'IDÉE

Le Père Lacordaire n'a pas été le premier à faire de l'apologétique, même au XIXe siècle. On en avait fait avant lui ; et, par conséquent, puisque l'apologétique est comme une guerre, on avait une tactique, une stratégie, une méthode.

§ 1. — *L'ancienne méthode.*

L'apologétique est une riposte à une attaque et celle-ci commande évidemment celle-là. Il y a toujours eu de l'apologétique dans l'Eglise, parce que l'Eglise a toujours eu des ennemis et des défenseurs, depuis Saint Justin et Tertullien contre les lois impériales persécutrices, Origène contre Celse, Saint Augustin contre les Manichéens, jusqu'à l'apologétique par la méthode d'immanence. Et, par ennemis, j'entends tous ceux qui ne sont pas amis, suivant la parole de Notre-Seigneur : Celui qui n'est pas avec moi est contre moi. L'incrédulité est une résistance.

Et précisément, l'incrédulité est le signe général

de ralliement qui peut servir à grouper tous ceux auxquels s'adresse l'apologétique, et auxquels elle cherche à prouver et faire admettre quelque chose qu'ils ne croient pas et nient : hérétiques, juifs, philosophes, athées. A chacun l'apologétique essaie de donner la réplique proportionnée à son erreur. A l'hérétique qui dit : l'Eglise romaine n'est pas la seule vraie Eglise de Jésus-Christ, elle répond : l'Eglise romaine est la seule vraie Eglise de Jésus-Christ. Au juif qui dit : le Messie promis n'est pas venu, elle répond : Jésus est le Messie. Au philosophe qui dit : Il n'y a pas de révélation, ni de surnaturel, elle répond : Il y a un enseignement, des faits, un ordre surnaturels. A l'athée qui dit : Ni Dieu, ni âme, elle répond : Dieu existe et l'âme est immortelle.

Et comme ces erreurs sont en proportion croissante : le juif, errant plus que l'hérétique ; le philosophe, plus que le juif ; l'athée, plus que le philosophe, il s'était constitué une méthode générale et complète d'apologétique qui allait du plus au moins dans l'erreur, et accumulait contre ces négateurs successifs vérité sur vérité. Mais toujours on commençait par le commencement ou ce qu'on croyait nécessairement tel.

Pour laisser ici de côté les deux groupes : juifs et hérétiques, et ne considérer que les philosophes ou déistes et les athées, l'apologiste qui polémiquait contre les premiers commençait par la révélation, sa nécessité, sa nature, ses preuves. Tel, le Père Laberthonye, dominicain du xviiie siècle, dans ses

« *douze instructions contre les incrédules* (1) ». Son point de départ, c'est qu'il ne peut exister qu'une seule religion vraie, qui ne peut être connue que par une révélation, qui dépend de la libre volonté de Dieu. Dieu a bien voulu la promettre, et après les siècles d'attente, la réaliser en la personne de Jésus-Christ, dont la mission est prouvée par ses miracles auxquels s'ajoutent ceux des apôtres et des premiers fidèles ; par l'accomplissement des prophéties, par le succès et l'établissement de l'Evangile, par le sang d'une infinité de martyrs. Les mystères ne font plus alors difficulté, car un envoyé de Dieu, pour incompréhensibles que soient ses affirmations, ne peut ni se tromper ni nous tromper, et la réponse à la dernière difficulté : Quelles sont les affirmations de Jésus-Christ ? a été donnée par Jésus-Christ lui-même quand il a établi son Eglise pour le représenter et le continuer.

Contre les athées, la question doit se prendre de plus haut, et non plus supposer, mais résoudre le problème de l'existence même de Dieu. (Je laisse de côté ici la question de savoir si ce problème doit être présupposé, ou annexé comme partie constituante à l'apologétique, entendue au sens précis). Tel Mgr Frayssinous, dans sa « *Défense du Christianisme* (2) », où il veut non plus « exposer les motifs

(1) OEuvres du R. P. Laberthonye, pour la défense de la religion chrétienne contre les incrédules et les juifs. 3 vol. Paris, 1777.

(2) 2 vol. Paris, 1853.

de la foi, les préceptes de l'Evangile, les devoirs et les pratiques de la piété, mais considérer uniquement la religion dans ses principes fondamentaux, dans les preuves qui en établissent la vérité, dans les reproches généraux que lui font ses ennemis ». Et il ajoute : « Plus d'une fois vous aurez occasion de vous apercevoir que nos discussions sont purement philosophiques... toutefois ce qui peut nous justifier, c'est que les temps où nous sommes semblent demander un nouveau genre d'instruction » (Disc. d'ouvert.). Au cours des conférences se présentent successivement : la vérité et les causes de nos erreurs ; l'existence de Dieu et la Providence ; l'âme spirituelle, libre et immortelle ; la loi naturelle ; le culte ; le témoignage ; les miracles.

Telle est cette méthode qu'on peut très justement définir par ces deux qualificatifs : *a priori* et *déductive* ; *a priori*, parce qu'elle commence par ce qui est premier en soi ; *déductive*, parce qu'elle met au point de départ ce qui est cause et principe et d'où tout le reste se déduit.

Le Père Lacordaire connaissait cette apologétique. Dans sa lettre à Auguste Nicolas, à propos du livre de ce dernier : *Etudes philosophiques sur le Christianisme*, il dit, en effet : « J'admire d'abord avec quel scrupule vous avez respecté la forme donnée depuis deux siècles à notre polémique contre l'incrédulité. Cette forme était celle-ci : on commençait par établir l'existence de Dieu, celle de l'homme en tant qu'esprit et la nécessité du rapport de l'un avec l'au-

tre par le culte. Ces trois vérités fondamentales ser-
vaient de portique à tout le reste, et l'on avait l'avantage qu'elles n'étaient pas seulement des vérités de
raison, mais des vérités de tradition, des vérités pratiques, liées à l'histoire du monde, par quelque point
qu'on les regardât. Dieu, l'âme, le culte, quelle entrée ! Cependant l'on ne pouvait pas se dissimuler
non plus que des ténèbres couvraient ce majestueux
portail... La conclusion était qu'on ne pouvait connaître Dieu que par Dieu, c'est-à-dire par une révélation. Mais où était la révélation ? Car si elle est nécessaire, elle a toujours existé. Pascal, s'étant posé
la question, avisait dans le monde un peuple marqué
de signes extraordinaires, un peuple à part, le plus
ancien de tous, le plus opiniâtre à vivre, possesseur
d'un livre aussi étonnant que lui par son antiquité,
sa sincérité, sa profondeur ; peuple et livre devenus
universels tous deux, et d'où sont sortis, par une incontestable filiation, deux merveilles plus grandes
encore : Jésus-Christ et l'Eglise catholique... L'histoire succédait ainsi à la métaphysique ; une histoire
aussi imposante que la métaphysique elle-même, et
prise comme elle dans les entrailles de l'humanité...
Tel était, en négligeant les détails, le plan que nous
avaient laissé nos devanciers. A la base, trois vérités
dont le genre humain, même en les altérant, n'a jamais pu se débarrasser ; sur ce fondement éternel et
universel, toute l'antiquité religieuse ramenée au
peuple juif ; Jésus-Christ, issu de cette double
source ; l'Eglise, fille de Jésus-Christ ; tous ces élé-

ments fondus ensemble par leur pénétration réciproque et ne faisant qu'un seul édifice, supérieur en logique, en morale, en durée, en résistance, à tout ce qui s'est vu depuis le commencement du monde jusques aujourd'hui. »

Le Père Lacordaire connaissait donc l'ancienne et traditionnelle méthode. Il la connaissait pour la bonne raison qu'il l'avait étudiée à Saint-Sulpice. Du séminaire même, il essaya une conversion par cette méthode. Apôtre d'instinct, comme il l'était, dans ses lettres à ses anciens amis restés dans le monde, quelques-uns indifférents autant et plus qu'il l'avait été lui-même, il faisait œuvre d'apostolat. Il écrivait à l'un d'eux :

« La recherche de la vérité se réduit à deux points : Une révélation extérieure et divine est-elle possible ? La révélation chrétienne est-elle vraie ? La première question embrasse toutes les difficultés générales que l'on fait sur la révélation considérée en soi et *a priori*, c'est-à-dire indépendamment de tel ou tel fait ; la seconde comprend tout ce qu'on propose contre la réalité de la révélation donnée à la terre par le Christ, Fils de Dieu. » On reconnaît les deux grandes divisions classiques. Mais comment aborder la seconde question : la vérité de la révélation catholique, c'est-à-dire telle que la propose l'Eglise ? « Pour arriver au catholicisme par la voie d'examen, il faut monter quatre échelons différents qui tous ont leurs obstacles séparés, et qu'il est impossible de franchir à la fois. Il faut commencer par être déiste, dans toute l'étendue de ce terme, et admettre, par conséquent, la possibilité de la révélation. C'est le premier pas... Ensuite il faut devenir juif, c'est-à-dire croire ce que croyaient et ce que croient encore les Juifs, foi qui se réduit à trois points : Moïse a été inspiré par Dieu dans la législation qu'il a donnée aux Hébreux; un Messie a été promis au monde; le peuple juif est le dépositaire de ces promesses. Après cela, il faut devenir chrétien, c'est-à-dire croire que le Messie est venu, et que les Evangiles contiennent la révélation qu'il a faite. Enfin, il faut devenir catholique, c'est-à-dire croire que le Christ a constitué un tribunal visible perpétuel et universel pour interpréter sa doctrine avec infaillibilité dans toute la durée des siècles... En un mot, il faut partir de la raison pour arriver à déposer sa raison aux pieds de l'Eglise avec raison. » Puis, après avoir dit que c'est folie de ne pas passer d'un degré à l'autre, il conclut pratiquement : « Je te prie donc de lire le Pentateuque de suite, avec la traduction de Sacy, et les lettres de quelques Juifs à Voltaire par l'abbé Guénée, où tu verras la solution de beaucoup d'objections de détail. Après quoi tu passeras aux Prophètes (1). » Certes, le correspondant de l'abbé Lacordaire avait devant lui un vaste et beau plan de travail : avec quelle suite et quel succès le poursuivit-il ?

(1) Lettres publiées par Mad. V. Ladey et P. de Virey, pp. 133-4 et 157-9. Paris et Lyon, 1895.

§ 2. — *L'idée nouvelle.*

Vaste et beau plan, disions-nous à l'instant, **que** celui tracé par l'ancienne méthode. Trop vaste, trop beau, et aussi trop long, trop aride, trop hérissé de difficultés : Dieu et l'âme, c'est toute la philosophie ; la Bible, c'est toute l'exégèse ; le peuple juif et l'E-glise, c'est toute l'histoire : un monde ! Et ce monde à explorer, exerçait-il une attraction ? Etait-il capable d'attirer et de retenir ? Et comment les explorateurs officiels le pénétraient-ils eux-mêmes, avec quelle profondeur et quelle étendue ? Et puis, ce qui a réussi autrefois conserve-t-il la même puissance sur des générations nouvelles ?

Il semble bien que toutes ces questions aient surgi dans l'esprit de l'abbé Lacordaire. Sorti de Saint-Sulpice et humble aumônier d'un pensionnat de la Visitation, son esprit suit donc une orientation nou-velle, sent le besoin d'une rénovation de l'apologé-tique, et, dès lors, ses travaux gravitent autour de ce centre. « La force est aux sources, et je veux y aller voir. Le travail sera long, d'autant plus que je recueillerai sur ma route tout ce qui pourra me servir pour l'apologie du christianisme, dont le cadre n'est pas encore déterminé dans mon esprit, mais dont les matériaux me doivent être fournis par l'Ecriture, les Pères, l'histoire et la philosophie. Tout ce que j'ai lu jusqu'ici sur la défense de la religion me semble faible ou incomplet. Les théologiens modernes ne marchent pas sans guide. C'est tout comme en Suisse : un chemin qu'un voyageur célèbre a suivi, tous le prennent, et on passe à côté d'un sentier qui mène à de nouvelles beautés, mais qui n'est pas historique encore (1). » Lui n'était pas homme à suivre trop docilement le chemin battu.

Il exécute son plan d'études et s'attache à saint Augustin qu'il définit : « C'est un homme subtil de style plutôt que dans les choses, et celui de tous les Pères qui renferme le plus de pensées profondes sur la religion, outre que, venu l'un des derniers, il a l'avantage de résumer la doctrine de ses prédécesseurs. C'est le saint Thomas des temps primitifs (2). »

Mais, s'il reprend l'étude de l'antiquité, c'est dans une pensée d'adaptation aux temps nouveaux, car, ce qui lui semble manquer, ce n'est point tant le fond que la forme ; la vérité, que la manière de la présenter et de la rendre acceptable aux contemporains.

« Nous manquons d'un ouvrage qui expose toute la suite de la doctrine catholique d'une manière conforme aux pensées de ce temps, c'est-à-dire capable par certaines analogies de faire impression sur les âmes telles qu'elles sont. J'ose dire que j'ai reçu de Dieu la grâce d'entendre ce siècle que j'ai tant aimé et de donner à la vérité une couleur qui aille à un assez grand nombre d'esprits (3). »

(1) Lorain. — Le R. P. Lacordaire, p. 28.
(2) Lorain. — Ouv. cit., p. 43.
(3) Lettre à Mme Swetchine, 21 déc. 1836, dans « Correspondance du Père Lacordaire avec Mme Swetchine », Paris, 1864.

Mais, cet enseignement actuel qui manquait et que l'abbé Lacordaire se sentait apte à inaugurer, sous quelle forme le créerait-il ? Il parlait d'un ouvrage, il pensait à un livre, mais Dieu l'avait fait orateur et voulait qu'il parlât. Le directeur du collège Stanislas l'invita à prêcher dans sa chapelle, « et l'hiver de 1834 ne se passa pas sans qu'un grand succès vînt révéler à tous que la chaire chrétienne avait trouvé un homme éloquent de plus. » Il nous expose lui-même ces débuts de son apostolat. « Le plan de mes conférences (de Stanislas) que vous me demandez est très simple. J'expose la doctrine catholique en suivant son cours naturel dans l'histoire ; je la prends comme existante, comme un édifice digne d'être étudié, et j'en fais ressortir la démonstration, en montrant qu'elle est toujours rationnelle, irréprochable, puissante, sublime, dans les divers ordres de la pensée humaine, l'ordre logique, moral, social, historique, métaphysique, scientifique ; c'est ainsi que j'ai parcouru Dieu, la création, l'origine du mal, le péché originel, la promesse de la réparation, le genre humain, le peuple juif, les prophéties, l'Incarnation. J'en étais là quand j'ai cessé. Il y a eu en tout treize conférences (1). »

On pourrait s'y tromper, et, à un regard superficiel, croire qu'il s'agit d'apologétique suivant l'ancienne méthode. Le conférencier est bien descendu de Dieu à l'Incarnation à travers les intermédiaires,

(1) Lettre à M. Foisset, 20 avril 1834, dans « Lettres du R. P. Lacordaire à Théophile Foisset », 2 vol., Paris, 1886.

mais qu'on remarque les mots qui soulignent la nouveauté du point de vue : *prendre la doctrine catholique comme existante, et en faire l'épreuve rationnelle ;* la chronologie n'intervient ici que comme
moyen d'ordonnance et d'organisation.

Telle fut la première extériorisation d'un projet
qu'il médite depuis sa sortie du séminaire. « Tout
mon esprit, depuis dix ans, a toujours été tourné vers
l'exposition raisonnée de la grande œuvre catholique.
Je voudrais faire un livre ayant pour titre : *De
l'Eglise catholique*, où je la considérerais dans l'ordre
philosophique, moral, social et dogmatique. Ce serait
une *somme théologique*, mais de ce temps-ci, non
pas froidement exposée, mais vivante dans l'Eglise,
une espèce de Cité de Dieu agrandie, non certes par
le talent et la science, mais par une exposition plus
complète et par ce que l'histoire nous donne de matériaux depuis saint Augustin (1). »

Il pensait unir la prédication à la rédaction de son
livre, car les débuts de Stanislas lui avaient révélé
sa vocation d'orateur et d'apologiste. D'ailleurs, on
espérait que cette première journée d'éloquence ne
serait pas sans lendemain. « On me parle depuis
quelque temps de la reprise de mes conférences (de
Stanislas). Je me suis mis à mettre en ordre mes
notes de cet hiver et je suis surpris moi-même de
l'ensemble des idées ; j'admire combien le contact avec
le public agrandit l'imagination et les facultés. Ce

(1) Lettre à M. Foisset, 28 août 1834.

travail continué ferait une théologie utile surtout dans ce temps-ci (1). »

Ce travail devait se continuer mais sur un autre et plus vaste théâtre. Après des dénonciations, des hésitations de l'Archevêque sur la reprise des conférences de Stanislas, brusquement, c'est à Notre-Dame que le jeune orateur est invité à comparaître, pour rassurer ses amis et confondre ses détracteurs. Son sujet lui est tout indiqué : il va parler sa pensée longuement méditée. « Nous venons vous parler... de cette Eglise qui est la colonne et le firmament de la vérité, et dès aujourd'hui nous entrerons dans les entrailles de ce vaste sujet de méditation. » (1ʳᵉ conf.).

Deux années de suite, les murs de la vieille cathédrale voient avec surprise des foules dont ils étaient déshabitués ; mais, à la fin de la seconde année, le prédicateur annonce son intention « d'écarter le double suffrage du pasteur et du peuple qui a un moment brillé sur sa tête, et de se retrouver seul quelque temps devant sa faiblesse et devant Dieu. » (13ᵉ conf.).

C'est à Rome qu'il s'en va. Là, tout en attendant la volonté et l'heure de Dieu, il travaille, et, ayant renoncé momentanément à la parole, il revient à l'idée de son livre : « Je lis beaucoup et je roule déjà dans ma tête le plan de mon livre. Je me mettrai à l'œuvre prochainement (2). » Mais son œuvre, au fond, c'était la parole vivante. Metz est la première

(1) Lettre à Mᵐᵉ Swetchine, 13 sept. 1834.
(2) Lettre à Mᵐᵉ Swetchine, 13 mars 1837.

ville de province qui l'entend. Entre temps, un vieil
Ordre de Prêcheurs est ressuscité en France par ce
prêcheur, et c'est sous l'habit de saint Dominique,
tunique blanche, manteau noir, et tête rasée, qu'il
reparaît, à Bordeaux, à Nancy, à Paris enfin où il
reprend possession de la chaire qu'il a fondée, pendant l'Avent de 1843, et qu'il gardera, avec la trans-
lation de l'Avent au Carême en 1848, jusqu'en 1851
inclusivement.

CHAPITRE II

L'ŒUVRE

Exposer pas à pas et avec suite les conférences du
Père Lacordaire est la condition préalable qui nous
permettra ensuite de dégager sa méthode et de la
définir avec précision.

§ 1. — *Les Conférences de Notre-Dame.*

En annonçant à Mme Swetchine la réunion en un
volume des conférences des trois années 1835, 1836,
1843, il lui disait : « Vous vous imaginez peut-être
que cet ouvrage, si c'en est un, n'aura ni pieds ni
tête, et vous êtes dans la plus grande erreur qu'il
soit possible de concevoir. Figurez-vous, au contraire
qu'il y a de l'ordre, un ordre qui m'étonne moi-même,
puisque je n'ai cherché que très médiocrement à l'y
mettre. Les conférences de 1835 traitent de l'Eglise,

de sa nécessité, de sa constitution, de son autorité
rationnelle, morale et infaillible, de son chef, de ses
rapports avec l'ordre temporel, de sa puissance coercitive ; c'est la base. L'année 1836 traite des sources
de la doctrine de l'Eglise, savoir : de la tradition, de
l'écriture, de la raison, de la foi ; c'est la suite naturelle : après l'autorité enseignante se présente la
question des sources de sa doctrine. L'année 1843
traite des effets de la doctrine de l'Eglise sur l'esprit
humain. Ainsi de suite, je traiterai de ses effets sur
l'âme, la nature, la société, puis j'arriverai au corps
de la doctrine. Vous voyez quelle belle carrière ; ce
sera un tout complet, une espèce de petite somme du
XIXᵉ siècle (1). »

Il débute donc par l'Eglise. Après son fameux cri :
« Assemblée, assemblée, que me demandez-vous ?
La vérité... » qui fit pâlir l'archevêque et fut comme
la fanfare sonnant la victoire avant même le combat,
il annonce son sujet : l'Eglise, colonne et firmament
de la vérité.

Il est nécessaire qu'il y ait une Eglise destinée à
l'enseignement universel et perpétuel du genre humain. L'homme est un être nécessairement enseigné,
mais aussi nécessairement trompé par l'enseignement
de l'homme. Donc, ou la vérité n'est qu'un nom, ou
il existe une autorité divine. A quel signe la reconnaître ? A l'universalité, à la catholicité, visibles dans
la seule Eglise catholique. — L'Eglise existe donc

(1) Lettre à Mᵐᵉ Swetchine, 22 sept. 1844.

comme autorité doctrinale. Sa constitution est celle même de l'autorité : une hiérarchie dépositaire d'une puissance qui ne s'appuie pas sur la force mais sur la persuasion, celle-ci résultant à la fois de la raison et de la charité. — L'Eglise, destinée à enseigner, en a le droit, car elle n'a pas seulement pour elle la raison, mais encore l'autorité morale, fondée sur la science, la vertu, le nombre ; et surtout elle a l'in-faillibilité. — L'Eglise a une hiérarchie, et celle-ci a une tête : le Pape. La papauté entraînait avec soi deux choses : la suprématie spirituelle et l'indépendance temporelle, et dans la fondation de cette papauté apparaît clairement la divinité de l'Eglise. — Et à cette objection que l'Eglise si nécessaire est venue bien tard, la réponse est que Dieu pourvut avant elle au salut de l'humanité par la tradition et la conscience. — L'Eglise a élevé à côté de la puis-sance temporelle une puissance spirituelle. Cette puissance a pour objet la vérité, la grâce, la vertu, et son étendue dépend de son action qui dépend elle-même de sa liberté qui est de droit divin et de droit naturel. — L'Eglise enfin, puisqu'elle est une puis-sance, est une souveraineté ; elle a donc le double droit d'imposer des pénitences, dans le for intérieur, et d'excommunier, dans le for extérieur (1835).

L'Eglise ainsi expliquée est maintenant connue en elle-même. Mais elle possède nécessairement une doctrine ; sinon, où serait sa nécessité comme en-seignante ? et une doctrine que le monde ne possède pas ; sinon, où serait sa nécessité comme Eglise ?

2

Toute doctrine a un objet, que nous appelons sa matière, et un procédé pour saisir cet objet, que nous appelons sa forme. La matière de la doctrine sacrée de l'Eglise peut se définir : la connaissance de Dieu qui est le souverain bien et du démon qui est le souverain mal, dans leurs rapports avec l'homme qui tend à s'unir éternellement ou à Dieu par le bien, ou au démon par le mal. Sa forme est tout ensemble une science et une foi ; une science, parce que le témoignage de Dieu sur lequel elle est fondée est du domaine de l'évidence et de la démonstration ; une foi, parce que ce même témoignage porte sur des choses infiniment cachées à la vue de notre esprit. A cause de cette dualité, la doctrine de l'Eglise puise ses données dans la tradition et dans l'écriture, d'une part ; dans la nature et dans la raison, d'autre part. — La tradition orale transmit la parole tombée, à l'origine, des lèvres de Dieu. La tradition symbolique résuma tout, pour le présenter avec plus de force et de vérité, sous la figure du sacrifice, et le seul vrai sacrifice, qui renferme et exprime tout le contenu de l'idée du bien et du mal, se trouve, après avoir passé des patriarches au peuple juif, dans l'Eglise catholique. — Mais si, de plus, la parole de Dieu se trouvait quelque part fixée par l'Ecriture, quelle force de certitude acquerrait du même coup la doctrine fondée sur cette écriture ! Or, parmi toutes les écritures se trouvent, en petit nombre, des écritures sacrées ; et parmi les écritures sacrées se trouve la Bible avec ses inimitables caractères d'être au plus haut degré un livre traditionnel, constituant, prophétique ; et la Bible est aux mains de l'Eglise. — La raison qui vient de Dieu doit être d'accord avec le témoignage divin renfermé dans la tradition et dans l'Ecriture. Elle l'est, quand elle est à l'état viril, quoique, à l'état d'enfance, elle s'oppose à Dieu. — Mais si la raison rend témoignage par ce qu'elle saisit, elle ne saisit que l'extérieur et les phénomènes ; le fond et la substance lui échappent et sont le domaine de la foi. — La foi s'acquiert ; et sa genèse ressemble à celle de la raison : l'intelligence et la parole humaine dans l'ordre humain de la connaissance ont pour analogues, dans l'ordre divin, la grâce et la parole divine présentée par l'Eglise. La parole, humainement et divinement, accomplit deux offices : elle éclaire et elle touche, elle produit la lumière et l'affection ; seulement il faut nous y prêter, et c'est le rôle de la volonté (1836).

Toute doctrine, étant un principe de vie, agit nécessairement sur la vie de l'homme, individu ou société, et peut par conséquent être considérée sous le rapport des effets qu'elle y produit. L'homme individuel lui-même est esprit et âme, en entendant par le premier de ces deux mots l'intelligence, par le second le sentiment et la volonté.

Dans l'esprit, la doctrine catholique produit d'abord la certitude rationnelle, c'est-à-dire une conviction réfléchie, qui se rend compte d'elle-même à elle-même ; souveraine, qui gouverne nos actes aussi bien que nos pensées ; immuable, qui, quand elle a été acceptée en pleine lumière, ne nous abandonne pas plus que la raison elle-même. — Et cependant, si la doctrine catholique a la raison pour elle, elle a contre elle cette même raison : raison des hommes d'Etat, raison des hommes de génie, raison populaire. Pourquoi ? Parce qu'elle est la vérité, qui, d'une part, engendre la certitude et l'amour ; d'autre part, la répulsion la plus opiniâtre. — La passion des hommes d'état et des hommes de génie contre la doctrine catholique s'explique spécialement par ce fait que les uns aspirent à la souveraineté des choses, les autres à la souveraineté des idées, et que les uns et les autres trouvent en face d'eux une force et une résistance dans la doctrine catholique. — Mais est-ce la seule certitude rationnelle qui soutient cette force et maintient cette résistance ? Non. La doctrine catholique en possède une autre, plus haute et plus large, parce qu'elle vient de Dieu et embrasse toute l'humanité : c'est la certitude supra-rationnelle ou mystique. — L'existence de cette certitude est un fait, qui s'explique d'ailleurs par une lumière mystique tombant de Dieu illuminateur sur l'organisme mystique qui est dans l'homme, animal religieux. Ainsi, l'Eglise est armée d'une double épée : par l'une, la force rationnelle, elle combat les savants et les superbes ; par l'autre, la force mystique, elle moissonne les petits, les ignorants, les savants euxmêmes. — La doctrine catholique ne met pas seulement dans l'esprit une certitude, mais une connaissance, et une connaissance qui possède les trois qualités qui manquent à la connaissance humaine : la clarté, la profondeur, l'étendue ; car Dieu lui-même nous a ouvert le monde et nous a dit le dernier mot. — Il existe ainsi dans le monde deux raisons : la raison humaine et la raison catholique, c'est-à-dire la raison laissée à ses seules lumières et la raison éclairée par la foi. Quels sont leurs rapports ? Ces deux raisons ne sont pas en contradiction, mais en une triple communion d'intelligibilité, d'analogie, de confirmation réciproque, avec cependant une suprématie de la raison catholique, puisqu'elle voit plus haut et plus loin (1843).

Mais quand l'esprit de l'homme s'est éveillé, à son tour une autre puissance s'éveille en lui : la sensibilité, qui elle-même donne le branle à une troisième : la volonté qui est le principe de la force et de l'activité et par laquelle l'homme agit en lui-même et au dehors. Dans ce domaine de la sensibilité et de la volonté la doctrine catholique produit des effets qui sont les vertus.

Et d'abord, l'humilité qui change du tout au tout le sentiment que nous avons naturellement de nous-mêmes, qui substitue à l'orgueil, le premier de tous les vices, une vertu, la première aussi, puisque, mettant chacun à sa place de son propre consentement, elle crée du même coup l'autorité et la fraternité. — La seconde vertu réservée au catholicisme, c'est la chasteté. A la place de la dépravation publique et acceptée, il a créé la lutte contre la corruption et cette triple merveille : un sacerdoce chaste,

des femmes chastes, une jeunesse chaste. — Quant
aux trois doctrines établies depuis l'avènement du
christianisme, l'islamisme, le protestantisme, le rationalisme, les seuls noms de Mahomet et de son pa-
radis, de Luther et de son mariage, de Voltaire et de
son siècle, sont assez éloquents. — La doctrine catholique seule produit encore cette autre vertu : la
charité, le don de soi aux autres ; charité d'apostolat
qui se donne pour donner la vérité ; — charité de
fraternité qui se donne gratuitement et entièrement
pour procurer le bien de tous les hommes regardés
comme des égaux et des frères. — Mais les trois
vertus précédentes s'épanouissent sur une commune
tige : la religion, commerce positif et efficace de
l'homme avec Dieu ; la religion, qui est à la fois une
passion et une vertu de l'humanité, parce qu'elle est
un besoin vivement senti et un attrait invincible-
ment subi, et parce que, aussi, elle exige une force
qui triomphe de la triple faiblesse de l'esprit, du
cœur et des sens. — Toute autre doctrine aboutit
fatalement, en fait de religion, à la superstition ou à
l'incrédulité, double écueil où touche l'homme, quand
il veut faire de la religion sans le concours de la raison ou avec la seule raison. — La doctrine catholique, au contraire, établit ce commerce surhumain :
c'est lui, en effet, qui cause et explique les autres
vertus réservées au catholicisme, mais encore, preuve
bien plus éclatante, la doctrine catholique produit
cet idéal de la religion, la sainteté au sens mystérieux
et héroïque du mot, cet amour de Dieu et des hommes

poussé jusqu'à une sublime extravagance. Et ici revient une fois de plus l'argument bref mais décisif qui *apparaît* en d'autres termes après chaque vertu découlant du catholicisme comme un bienfait : la religion est-elle un besoin de l'humanité ? Oui ; donc elle est vraie. La doctrine catholique seule satisfait-elle dignement ce besoin ? Oui ; donc elle est seule vraie (1844).

Mais au-delà de l'esprit et de l'âme de l'homme, il est un autre terrain « plus vaste, plus profond, plus éclatant, plus solennel, plus incontestable où tout aboutit et qui décide de tout : c'est la société... qui est le confluent de toutes les pensées et de tous les mouvements de l'homme, la manifestation publique de ce qu'il vaut et de ce que valent les enseignements où il a puisé son développement intérieur. C'est pourquoi il nous faut voir ce que la doctrine catholique a produit par rapport à l'ordre social. » (29° conf.).

D'abord, la doctrine catholique a évidemment fondé une société intellectuelle entre les esprits qui la professent ; mais, de plus, elle a fondé la seule société intellectuelle publique qui existe et que n'ont pu réaliser ni la philosophie rationaliste par la raison, ni la philosophie autocratique par la force, ni la philosophie hérétique par la Bible. — Et cette société des esprits, constituée par des idées communes, fondamentales, immuables, librement reconnues et acceptées des intelligences de tout rang, la doctrine catholique ne l'a pas fondée parce qu'elle possède seule la vérité, ou la lumière, ou l'autorité ; non, l'unité catholique suppose une force unitaire que les idées ne donnent pas, que l'esprit humain ne possède pas et qui ne peut venir que de l'Esprit-Saint. — Cette société ainsi fondée est catholique, c'est-à-dire universelle. Mais il faut bien entendre ce que comporte cette thèse de la catholicité : c'est non seulement l'unité des esprits, mais une organisation qui en fait un corps vivant, un pouvoir social, et, au sens propre, le royaume de Dieu. — L'expansion de la société catholique dans le monde a provoqué la plus salutaire des révolutions. Jésus-Christ trouva la société dans un état d'inhumanité où le faible n'avait pas de protection contre le fort, où le petit nombre était sans armes contre le grand nombre, où l'homme était ennemi de l'homme, et pour remédier à ce triple mal, il lui donna un droit-principe, un droit immuable, un droit universel. — Révolution salutaire quant à la propriété par la promulgation de ces deux principes : tout homme a un droit inaliénable à son propre travail ; nul n'a droit à ses propres biens que dans la mesure de ses légitimes besoins, le superflu devenant comme la propriété de ceux auxquels la possibilité du travail est refusée. — Révolution bienfaisante quant à la famille par le relèvement de la femme. Esclavage, dissolubilité, polygamie, voilà l'état d'abaissement où l'Evangile a trouvé la femme et auquel il a substitué le triple ministère du respect, de l'éducation, de la charité. — Révolution bienfaisante quant à l'autorité. Celle-ci est nécessaire à la société qui doit avoir unité, ordre et puissance. Mais l'autorité elle-même réclame obéissance et vénération, et l'homme tout seul, même investi du pouvoir, est trop peu pour les obtenir. — Révolution bienfaisante par la communauté de biens et de vie instituée par le christianisme, institution qui est la plus haute pensée économique et la plus haute pensée philanthropique qui soient au monde : partage des biens, réduction des besoins, création des cinq grands services gratuits et populaires de la douleur, de la vérité, de l'éducation, de la maladie, du sang, par la création des cinq espèces d'Ordres, pénitents, apostoliques, enseignants, hospitaliers, militaires (1845).

L'Eglise a un fondateur. « Son nom va tout seul et résonne de soi. Tout homme le sait par amour ou par haine... Jésus-Christ donc ! Jésus-Christ ! voilà l'artiste... L'artiste trouvé, il faut étudier son histoire, afin de juger si l'ouvrier répond à l'œuvre, et si, après avoir vu que l'œuvre était divine en soi, sa divinité recevra confirmation de la vie même de l'ouvrier. » (37ᵉ conf.).

Jésus-Christ est Dieu. Il nous l'a dit, et son caractère fait d'intelligence sublime, de cœur tendre, de volonté sûre d'elle-même, prouve la sincérité de sa parole ; sa vie intime proclame sa divinité. — Sa vie publique la proclame aussi car si Dieu consent à se manifester, ce doit être dans un éclat qui dissipe toute ombre d'incertitude ; le miracle, c'est la force et en même temps la révélation de Dieu, et Jésus-Christ a fait des miracles. — Il a donc vécu en Dieu dans sa vie intime et dans sa vie publique. Il s'est survécu en Dieu : son royaume s'est établi sur les âmes, malgré la difficulté de se faire croire, aimer, adorer d'elles ; son royaume s'est établi dans le monde, malgré la difficulté de vaincre l'idolatrie partout et l'empire romain à Rome même. — Son royaume dure malgré cette autre difficulté : vaincre le temps qui est le grand ennemi ; vaincre les cinq auxiliaires du temps : la nouveauté, l'expérience, la corruption, le hasard, la guerre. Jésus-Christ vit donc toujours dans son Eglise. Il vit aussi en dehors d'elle, dans tous les établissements religieux qui se sont fondés depuis qu'il a paru, mais dans son Eglise, il vit d'une vie supérieure et éclatante. Et c'est plus encore que la perpétuité, c'est le progrès, dans l'état territorial, l'état numérique, l'état moral. — Jésus-Christ s'est magnifiquement survécu. Mais il s'est non moins magnifiquement préexisté, dans le peuple juif, œuvre sociale et religieuse la plus considérable dans les temps qui l'ont précédé comme l'Eglise est l'œuvre la plus considérable dans les temps qui l'ont suivi. — A cette puissance qu'est Jésus-Christ le rationalisme a osé s'attaquer. Il a essayé d'abord d'anéantir sa vie. Mais cette vie est contenue dans une écriture publique ; elle est faite d'événements publics ; elle est inséparable de l'histoire publique et générale. — Il a essayé ensuite de dénaturer cette vie, en soutenant que Jésus-Christ a été l'objet d'une transfiguration mythique. Mais Jésus-Christ appartient à l'époque de l'écriture qui ne se prête pas comme la tradition aux transformations et métamorphoses légendaires ; mais le merveilleux et le miracle ne sont pas une question à préjuger ; mais les Evangiles ne sont pas un tissu de confusions et de contradictions, malgré le docteur Strauss et « ses gros volumes d'un ennui transcendental, comme disent les Allemands ». — Il a essayé enfin d'expliquer cette vie. Mais ni son succès de doctrine ne s'explique par un électisme habile des doctrines antérieures ; ni son succès de foi, par la lassitude et le besoin de croire ; ni son succès d'Eglise, par le besoin d'affranchissement et d'unité (1847).

Voilà donc une double preuve de la divinité de la doctrine catholique : elle a produit des effets divins, son fondateur a une auréole divine. Reste à l'étudier, non plus indirectement dans ses effets ou dans sa cause, mais directement en elle-même, et à constater sa divinité par la lumière que, avec plus de splendeur et de plénitude qu'aucune autre doctrine, elle répand sur les mystères d'ici-bas et d'au-delà.

Le premier de ces mystères est celui-ci : Quel est le principe des choses ? A l'opposé de la doctrine rationaliste : Je crois en la nature, mère toute puissante, la doctrine catholique répond : Je crois en Dieu, Père Tout-Puissant. Et sur cette réponse, pour en montrer la vérité, convergent quatre sources de lumière : la nature, l'intelligence, la conscience, la société. — Mais comment vit Dieu ? Vit-il solitaire ? L'univers est-il sa vie ? Ni l'un ni l'autre. Dieu n'est point stérile, et l'univers n'est point le fruit premier et adéquat de sa fécondité infinie. Esprit parfait,

Dieu pense et Dieu aime, mais sa pensée et son amour
sont élevés par la force de l'infini jusqu'à la personnalité : Verbe procédant du Père, Esprit procédant
de l'un et de l'autre, tous trois restant un, insépa-
rables toujours, toujours distincts. — Dieu est aussi
le principe des choses. Mais d'où les a-t-il tirées ?
D'une matière préexistante ? De sa propre substance?
Il les a tirées de rien : Dieu est créateur. Et quel est
le motif de la création ? L'amour et la bonté. —
Comme matériaux de son œuvre, Dieu a créé et em-
ployé la matière et l'esprit ; il a pris pour modèle
que devait reproduire l'univers sa propre perfection
métaphysique, intellectuelle et morale ; il a distribué
les êtres en trois mondes : matériel, humain, angé-
lique. — L'homme a Dieu pour principe. Il l'a aussi
pour fin ; et comme moyens, il a d'abord l'intelligence, c'est-à-dire le pouvoir d'atteindre Dieu comme
vérité, avec l'aide des idées, de l'univers et de la
parole, qui nous font connaître Dieu. — Il a la volonté,
c'est-à-dire le pouvoir d'atteindre Dieu comme bien,
de l'aimer, c'est-à-dire de le choisir, de se dévouer,
de s'unir à lui. Le christianisme qui concluait tout à
l'heure à la vérité, conclut ici à la charité et à la
liberté. — Il a la société, pour laquelle il a été fait.
En dépit des rêveurs d'un chimérique état de nature
opposé à l'état social, c'est Dieu même qui a créé la
famille et son agrandissement qui est la société ; c'est
Dieu qui a fait de tous les hommes des frères. —
Intelligent, moral, social, l'homme a été créé pour
le travail, c'est-à-dire pour l'action. C'est Dieu qui

a posé la loi du travail, et c'est Dieu qui a posé la loi du repos hebdomadaire, par lequel l'homme peut réparer à la fois les forces de son corps et celles de son âme (1848).

« Mes conférences de 1848 paraîtront le 15 décembre. Elles étaient le point le plus difficile de mon travail ; grâce à Dieu, le voilà terminé (1). » Mais ce n'est là que « le premier plan de la doctrine catholique et le premier plan de nos destinées ». Surgit maintenant le problème du commerce surnaturel de l'homme avec Dieu. « Voilà, Messieurs, la question formidable qui est devant vous. Au fond, tout ce que je vous ai dit, l'an dernier, des dogmes chrétiens, ne renferme qu'une philosophie spiritualiste. » (53ᵉ conf.).

Le spectacle de la nature et la lumière de la raison sont-ils notre seul moyen de connaître Dieu ? N'existe-t-il pas une communication plus directe et plus intime ? Le rationalisme le nie ; la doctrine catholique l'affirme, et à bon droit, car l'humanité a toujours entendu et pratiqué le commerce avec Dieu non sous la forme rationnelle, mais sous la forme prophétique et sacramentaire. — Mais cette universalité même de cultes supra-rationnels soulève deux objections contre l'ordre surnaturel : leur défaut d'unité condamne théoriquement son existence ; leur nombre et l'impossibilité d'un discernement la condamne pratiquement. Non. La diversité par dessus l'unité fon-

_____

(1) Lettre à Mᵐᵉ de Prailly, 20 nov. 1848.

cière prouve tout simplement que l'homme a mêlé du
sien à l'œuvre de Dieu ; et quant au discernement, le
christianisme seul présente une physionomie vraiment divine. — Mais à quoi bon l'ordre surnaturel ?
Il est nécessaire pour répondre à l'angoissant problème de nos destinées ; pour nous donner par la
prophétie ou révélation la lumière, et par le sacrement la force, toutes deux capables de nous mener à
Dieu. — Qu'est-ce que la prophétie, au sens de révélation ? « Une parole de Dieu manifestant à l'homme
des vérités que sa raison ne saurait atteindre elle-
même et qui cependant sont nécessaires à l'accomplissement de sa destinée. » — La prophétie ou
révélation a pour objet le mystère. Mais le mystère
n'est-il pas inutile et absurde, étant irrationnel ? Non
pas inutile, puisqu'il fait du bien à l'homme. Non pas
absurde, car il ne faut pas confondre l'absurde, qui
est l'évidence du faux, avec l'incompréhensible, celui-
ci étant appuyé d'ailleurs sur la parole infaillible de
Dieu. — A la prophétie ou révélation, de la part de
Dieu, correspond la foi, de la part de l'homme. La
nature en a été étudiée plus haut. Le rationalisme
lui fait deux objections : la foi n'a pas son analogue
dans l'ordre naturel, ce qui rend impossible la synthèse des deux ordres ; l'acte de foi ne dépend pas de
nous et ne saurait être un devoir. A quoi l'on répond
que la foi joue un rôle aussi important dans l'ordre
humain que dans l'ordre divin et que l'homme ne
fait pas toujours ce qui est nécessaire pour croire,
mais cède à l'ignorance volontaire, à l'orgueil de la

science, à la passion du cœur. — Le sacrement, en général, est un instrument, c'est-à-dire un principe de force. Si l'homme n'avait été créé que pour une fin naturelle, il n'eut eu besoin que de force et d'instruments naturels ; créé pour une fin plus haute, Dieu a mis à sa disposition des forces plus hautes aussi et ce sont les sacrements qui les contiennent (1849).

Une conférence de plus aurait été nécessaire pour achever la question théorique dans son intégrité et montrer comment la double grâce de la vérité et de la force fut donnée au père de la race humaine, pour passer, aussitôt après, des dons faits par Dieu, aux actes accomplis par l'homme. Cette conférence, au lieu de clore la série oratoire de l'année 1849, ouvre celle de l'année 1850, et comme elle est une transition, ce renvoi ni ne diminue la clarté ni ne trouble l'harmonie.

Tous les éléments de la création complète, c'est-à-dire comprenant l'ordre naturel et l'ordre surnaturel, la matière et l'esprit, la nature et la grâce, incapables l'une et l'autre de se passer l'une de l'autre, s'épanouissaient en perfection dans le premier homme, dans Adam. — Il était libre. Mais la liberté appelle l'épreuve, c'est-à-dire l'occasion offerte à l'être libre de manifester la quantité de sacrifice dont il est capable ; et Dieu la lui présenta sous la forme symbolique de l'arbre du bien et du mal. — A côté de l'épreuve intervint la tentation, de même qu'à côté d'Adam, être intelligent, intervint un autre être intelligent, pour l'induire au mal, l'ange déchu, si bien appelé : le serpent. — La chute tient en ces quatre mots qui en marquent comme les étapes : Pourquoi ne pas manger de ce fruit ? Vous ne mourrez pas. Vous serez comme des dieux. Et ils en mangèrent. — Ce n'est pas seulement Adam qui a porté la peine de son péché ; c'est sa race tout entière. La question de l'origine du mal moral ne se résout ni en le niant, ni en le diminuant, ni en l'attribuant à un principe mauvais ; la doctrine catholique seule indique la vraie source. — Quant à la question de transmission du péché originel, deux mots désignant, l'un, la transmission matérielle, l'autre, la transmission morale, disent tout : hérédité, solidarité. — Mais le Dieu bon, ne pouvait laisser l'homme dans sa déchéance ; et le Dieu juste ne pouvait le réhabiliter sans réparation : celle-ci, c'est la mort, et non pas seulement la mort de l'homme, mais la mort de Dieu fait homme (1850).

Mais une difficulté déjà rencontrée et signalée autrefois reparaît ici. Car enfin, si Dieu a voulu la « réparation » de l'homme et de tous les hommes, pourquoi attendre quatre mille ans avant d'envoyer celui qui devait être le « Réparateur ». Cette question rentre dans la question générale du gouvernement divin qui demande à être traitée dans toute son ampleur.

Et d'abord ce gouvernement existe. C'est la foi du genre humain qui croit à la Providence et qui la prie ; c'est la conclusion de la raison qui ne peut refuser à

Dieu d'agir sur ses créatures et qui ne peut se refuser aux évidentes manifestations de cette action.
— Ce n'est pas un gouvernement arbitraire, mais
un gouvernement de raison, un gouvernement qui
obéit à des lois, et elles sont telles : Dieu, libre dans
la dispensation de ses grâces, dispense à tous les
êtres libres les secours nécessaires, mais en respec-
tant la liberté de chacun. — Cette dispensation obéit
à deux principes : l'inégalité de la grâce reçue, le
progrès possible de celui qui la reçoit ; le premier,
élément de l'ordre ; le second, élément de la perfection ; celui-ci compensant celui-là. — Et cette action
de Dieu vis-à-vis des âmes prises à part, elle s'est
exercée aussi vis-à-vis de l'humanité prise dans son
ensemble : Dieu veut le salut du genre humain ; il y
travaille d'une manière progressive, depuis toujours.
— Quel est le résultat du gouvernement divin, dont
le but est le salut des hommes ? C'est la question
spéciale du nombre des élus, et la question générale
des rapports comparatifs du mal et du bien. Double
question obscure, mais au-dessus de laquelle semble
resplendir en pleine lumière la bonté de Dieu et l'art
avec lequel il a tout disposé en faveur du bien et du
salut. — Tout homme qui manque son salut le manque librement ; mais, en le manquant, il commet
une faute, et encourt une peine éternelle, dans l'âme
et dans le corps. C'est une conclusion terrible, mais
les systèmes mitigés et les objections classiques sont
également impuissants à l'ébranler. Telle est la sanc-
tion du gouvernement divin. — Et voici le couronne-

ment de tout l'édifice catholique : l'incorporation réciproque de Dieu à l'homme et de l'homme à Dieu ; la première, opérée par l'Incarnation ; la seconde, par le baptême et l'eucharistie, incorporation à Dieu par Jésus-Christ, en attendant l'incorporation à Dieu en lui-même dans l'éternité (1851).

§ 2. — *Les Conférences de Toulouse.*

Au début de la dernière conférence que nous venons de résumer, le Père Lacordaire disait : « Nous touchons au terme de nos conférences dogmatiques, et nous allons aujourd'hui poser la dernière pierre du monument que nous avons élevé ensemble à la gloire de Dieu et de la vérité. » Et la conférence ainsi commencée se termine par l'apostrophe fameuse aux murs de Notre-Dame, qui se trouva être un adieu.

Une question se posait évidemment, comme il le constatait lui-même : « Mes conférences se termineront forcément l'an prochain, puisque je serai arrivé à la *gloire éternelle*. Il y a une grande question de savoir ce qu'il faudra faire (1) ». Cependant la reprise des conférence et l'exposé de la morale ne semblaient pas faire de doute : « Vous avez dû recevoir mes conférences... Je travaille à celles du carême prochain ; je lis Platon, Cicéron, Justinien, sur les lois ; mon plan est fait (2) ». Celui de Louis-Napoléon était fait aussi et le coup d'Etat du 2 décembre

(1) Lettre à M. Foisset, 22 avril 1850.
(2) Lettre à Mme Swetchine, 25 nov. 1851.

imposa à Lacordaire une retraite qu'il regardait comme un devoir. « Je compris, disait-il à son lit de mort, que, dans ma pensée, dans mon langage, dans mon passé, moi aussi j'étais une liberté, et que mon heure était venue de disparaître avec les autres (1) ». Dès 1847, il écrivait une lettre où nous relevons ces lignes : « On dira que la liberté de la la foi peut exister sans la liberté politique. Quelques jours peut-être. Mais longtemps ? Y en a-t-il des exemples ? La servitude politique ronge les âmes ; elle les affaiblit jusque dans l'ordre religieux ; elle donne le vertige de l'idolâtrie à Bossuet lui-même. Il se forme un épiscopat lâche et adorateur du pouvoir, qui transmet au reste du clergé une timidité mêlée d'ambition, double poison d'où sort la bassesse et bientôt l'apostasie (2) ». Une raison de dignité et une raison de prudence s'unirent dans sa détermination. « Je veux, avec la grâce de Celui qui tient les cœurs dans sa main, me garder pur de tout ce qui peut compromettre ou affaiblir en moi l'honneur du chrétien (3). » « J'ai pensé que je ne pouvais donner mes conférences cet hiver sans exposer la chaire de Notre-Dame à devenir un rendez-vous périlleux pour les amis et les ennemis du pouvoir nouveau. L'oppression du temps eût été pour moi une occasion incessante de donner çà et là des coups d'épée au des-

(1) *Testament* publié en tête des Lettres à Théophile Foisset.

(2) Lettre à Mme Swetchine, 25 déc. 1847.

(3) Lettre à Mme Swetchine, 6 mai 1852.

potisme, et on les eût faits encore plus grands qu'ils n'eussent été. J'ai mieux aimé me taire ; c'est à sa façon un deuil de nos libertés péries (1) ».

Toulouse allait lui offrir « un auditoire moins vaste sans doute et moins célèbre, mais qui a conservé avec le culte de la religion celui des lettres, avec les traditions de la foi celles du goût et du savoir » (1ʳᵉ conf. Toul.). Il n'y avait qu'à continuer le plan des conférences de Notre-Dame qu'il décrivait ainsi avant la rupture : « Il reste pour la partie morale, qui fera un ouvrage séparé, les *vertus* et les *sacrements*. Voilà bien de l'avenir encore, mais qu'est-ce que l'avenir de l'homme ? (2) ». Deux ans après que cette dernière phrase eût reçu des faits une éclatante confirmation, il annonçait la reprise de l'œuvre : « Le dimanche 8 février (1854) je reprendrai le cours de mes conférences. Elles seront publiées comme par le passé avec ce titre : *Suite des conférences de Notre-Dame de Paris*. Mon plan général est fait. Il embrasse six ans au moins et sept ans au plus. J'en suis content et je crois qu'il complètera l'œuvre d'une manière heureuse (3) ».

Le début de la première conférence marquait la différence des points de vue : « Quand on traite de la vérité au point de vue dogmatique, la question est celle-ci : Qu'est-ce que la foi, et comment faut-il croire ? Quand on traite de la vérité au point de vue

(1) Lettre à Mᵐᵉ de Prailly, 3 fév. 1852, Paris, 1885.
(2) Lettre à Mᵐᵉ de Prailly, 1ᵉʳ janv. 1851.
(3) Lettre à Mᵐᵉ Swetchine, 27 déc. 1853.

moral, la question est celle-ci : Qu'est-ce que la vie et comment faut-il vivre ? »

Qu'est-ce donc que la vie ? Un mouvement. Mais tout mouvement a un but. Le but de notre vie est le bonheur, mais le bonheur invisible qui se trouve en Dieu. Ainsi se concilient les deux aspirations humaines qui, dans l'antiquité, avaient assigné faussement pour b it à notre vie le plaisir ou le devoir. — Mais si Dieu est le but, les passions sont l'obstacle. Par elles, au lieu de chercher dans le sacrifice cette vraie joie de l'âme qui est l'avant-goût de la félicité, l'homme cherche ailleurs, dans l'ivresse, dans le jeu, dans la volupté, des joies fausses qu'il paye chère- ment. — Lutter contre l'obstacle pour atteindre le but, voilà l'histoire humaine. Les armes naturelles sont : la raison, la liberté, la conscience ; la tactique est de se défendre, mais aussi d'attaquer ; le prix de ce combat intérieur, c'est la vertu. — Mais que fait la vertu pour l'homme et pour son bonheur ? Elle lui apporte la paix, l'amour, la gloire ; elle est bienfai- sante à l'âme, et par un nécessaire contre-coup, au corps lui-même et à la société ; et, de plus, elle con- tient trois éléments d'union avec Dieu : similitude de nature, similitude de beauté, sympathie, dont l'amour est le fruit et le couronnement. — Le chré- tien seul réalise cet idéal de vie morale supérieure ; pourquoi ? parce qu'il a en lui un principe supérieur de vie : la grâce, principe divin de vision, d'impul- sion, d'amour. — Vie passionnelle, vie morale, vie surnaturelle ou chrétienne. Celle-ci est la plus parfaite ici bas. Le christianisme a été une source d'élévation et de force pour la vie privée et pour la vie publique, pour l'âme et pour la société. Et ce qu'il a été, il peut l'être encore (1854).

La fin de cette dernière conférence résumait l'ensemble traité par toutes : la vie et ses différentes formes jusqu'à la plus haute, la vie surnaturelle ; excluait un sujet déjà traité : les vertus surnaturelles, fruit de cette vie ; annonçait le sujet à traiter : les sacrements, moyens établis par Dieu pour nous communiquer la vie surnaturelle ; exprimait un doute : Me sera-t-il permis de vous en exposer la doctrine et de terminer ainsi, après plus de vingt ans, l'apologie totale de la foi chrétienne ? — Non ; et la grande âme du Père Lacordaire sommeille dans ses Conférences comme dans un tombeau magnifique mais inachevé.

CHAPITRE III

LE PLAN

Le Père Lacordaire a dit, dans une de ses conférences : « Tout plan se compose de deux éléments nécessaires : les *matériaux* qui doivent servir à fonder, et *l'ordonnance* qui leur sera donnée. » (48e conf.). Nous pouvons ajouter qu'il y a encore *la manière*, c'est-à-dire tout ce qui, au surplus des matériaux et de l'ordonnance, tient à la personnalité de l'artiste et reflète son génie propre. Voilà donc trois points de vue sous lesquels nous pouvons examiner l'œuvre du Père Lacordaire.

§ 1. — *Les matériaux.*

Si l'apologétique traditionnelle étudie un vaste champ, et si les modernes ont encore désiré l'agrandir, on peut dire, sans prétendre évidemment qu'il ait exploré à fond ce domaine, que le Père Lacordaire en a parcouru l'étendue presque entière.

L'apologétique traditionnelle, telle du moins que beaucoup l'ont comprise, procède ainsi. Après les préliminaires — que quelques-uns prouvent et que d'autres supposent — sur Dieu, l'homme et leurs rapports, elle se divise en deux grands traités : la Révélation, l'Eglise ; dont le but est d'amener à ce double et progressif résultat : faire des chrétiens, faire des catholiques. Le traité de la Révélation se subdivise également, suivant qu'il envisage la théorie ou le fait. La partie théorique étudie la révélation, sa nature, sa possibilité, sa nécessité ; le miracle ; le mystère ; la foi en elle-même et dans ses rapports avec la raison et la science. La partie de fait étudie l'existence de la Révélation ; remonte jusqu'aux origines pour y trouver une révélation primitive, grosse d'une révélation future ; descend par le peuple juif, dépositaire des promesses et des prophéties ; arrive à Jésus-Christ, prouve qu'il est Dieu par les prophètes, par ses miracles, par son œuvre.

Le traité de l'Eglise expose la constitution de cette
société fondée par Jésus-Christ et l'oppose victorieu-
sement à ses contrefaçons hérétiques.

Le Père Lacordaire a traité toutes ces questions :
existence de Dieu (45° conf.) — le monde créé par
Dieu (47° conf.) — l'homme, corps et âme, intelligent et libre (49° et 50° conf.) — la révélation qu'il
appelle prophétie, sa nature et sa possibilité (56°
conf.), sa nécessité (55° conf.), ses difficultés
(54° conf.) — le miracle (38° conf.) — le mystère
et ses difficultés : l'incompréhensibilité et l'absur-
dité (57° conf.) — la foi, sa nature (12° conf.), les
moyens de l'acquérir (13° conf.), ses difficultés
(58° conf.), ses rapports avec la raison (20° conf.).

La tradition orale et symbolique (9° conf.) — le
peuple juif et l'Ancien Testament (41° conf.) —
Jésus-Christ, sa préexistence (41° conf.), son histoire et les Evangiles (42° et 43° conf.), son caractère
et sa conscience (37° conf.), ses miracles (38° conf.),
l'expansion de son règne (39° et 44° conf.).

L'Église considérée en elle-même, sa nécessité
(1ʳᵉ conf.), sa constitution (2° conf.), son autorité
morale et son infaillibilité (3° conf.), son chef
(4° conf.), ses rapports avec l'ordre temporel
(6° conf.), sa puissance coercitive (7° conf.).

L'Eglise comparée aux Eglises ; celles-ci (et c'est
surtout le protestantisme qui est en cause) manquant,
au point de vue doctrinal, d'infaillibilité (3° conf.),
et, par une conséquence nécessaire, de foi : la science
dévore leur religion (3° et 27° conf.) — au point de vue

moral, elles manquent de vertu supérieure (2ᵉ conf.), d'humilité (21ᵉ conf.), de chasteté considérée comme un état spécial (23ᵉ conf.), d'ordres religieux (36ᵒ conf.) — au point de vue social, elles manquent de catholicité (1ʳᵉ conf.), parce qu'elles n'ont pas la charité d'apostolat (24ᵉ et 31ᵉ conf.), et quand même le protestantisme l'aurait et l'exercerait, il n'arriverait pas à fonder une vraie société intellectuelle, parce que tout lui manque et du côté intellectuel et du côté social (31ᵉ conf.).

Une science relativement récente, et qui prête à l'attaque comme à la défense du christianisme, c'est la *science des religions*. On sait ce qu'elle devient aux mains des adversaires qui englobent la religion chrétienne parmi toutes les autres et qui donnent de son origine et de sa constitution, comme de celles de toutes les autres, des explications purement naturelles et rationnelles. On sait aussi comment l'abbé de Broglie a, sinon découvert, du moins mis en pleine lumière un argument favorable au christianisme et tiré de la comparaison des religions, sans parler du jour que l'histoire des cultes fait tomber sur la notion générale de religion rendue synonyme de révélation.

Le Père Lacordaire n'a pas ignoré ce mode apologétique. Au point de vue absolu de la religion, il remarque que « partout le culte prophétique et sacramentaire a étouffé le culte rationnel en l'empêchant de se produire » (53ᵉ conf.) — que l'homme a toujours cru à la communication positive du genre humain avec Dieu, au moyen de la parole directe de Dieu (54ᵉ conf.) — ce qui engendre cette assez grave difficulté d'expliquer naturellement « comment l'homme, être purement rationnel, tend à Dieu par une voie étrangère à sa nature » (53ᵉ conf.) — ce qui aboutit aussi à cette conclusion que toutes les religions sont un mélange de divin et d'humain, celui-ci n'ayant jamais pu que défigurer celui-là sans le détruire (54ᵉ conf.).

Au point de vue comparatif, et pour répondre à l'objection qui se base sur l'impossibilité de distinguer le culte vrai et divin, un moyen de discernement existe : la physionomie, les caractères inimitables. Les autres cultes ont contre eux leur incapacité logique, leur immoralité, leur « absence saisissante de divinité » (54ᵉ conf.) — la Bible l'emporte sur tous les autres livres sacrés (10ᵉ conf.) — aucune autre religion historique ne possède pour base des faits miraculeux (38ᵉ conf.) — aucune n'a produit l'humilité (21ᵉ conf.), la chasteté (23ᵉ conf.), l'apostolat (24ᵉ conf.) — le paganisme a laissé la femme dans un état d'infériorité et de dégradation (34ᵉ conf.) — le bouddhisme ne saurait mettre ses religieux en comparaison avec ceux du catholicisme (36ᵉ conf.) — en un mot, toute autre religion que le christianisme est nulle, parce qu'elle laisse l'homme au niveau où elle l'a pris (27ᵉ conf.).

Une autre source apologétique, c'est la vie et l'action, qui suggèrent une méthode psychologique et même biologique fondée sur l'adaptation du catho-

licisme aux besoins de la vie et aux exigences de
l'action humaine.

Mais n'est-ce pas le Père Lacordaire qui a dit :
« Quand on traite de la vérité au point de vue dogmatique, la question est celle-ci : Qu'est-ce que la
foi et comment faut-il croire ? Quand on traite de
la vérité au point de vue moral, la question est celle-
ci : Qu'est-ce que la vie et comment faut-il vivre ? »
Et n'est-ce pas le Père Lacordaire qui ajoute aussitôt :
« Ces deux questions, quoique liées entre elles, sont
bien différentes l'une de l'autre. On peut mépriser la
foi, on ne peut pas mépriser la vie. On peut refuser
de soumettre son intelligence à la vérité révélée de
Dieu et se faire contre sa parole une arme de la raison que nous tenons de lui-même ; mais on ne peut
pas se porter comme rebelle à la vie, comme maître
de la vie. Qui que vous soyez, vous êtes les sujets
de la vie... C'est pourquoi, si j'étais sûr de moi-même
quand je parlais de la foi, je le suis bien davantage
en vous parlant de la vie ; ma force s'accroît ici de
votre faiblesse, et, au lieu que l'esprit pouvait aisément s'opposer à la vérité, votre conscience sera
désormais mon plus certain auxiliaire. » (1re conf.
Toul.).

Et ne sont-ce pas quelques-unes de ses pages les
plus brillantes que celles où il expose les vertus réservées au christianisme, inspirateur d'humilité (21e
conf.), de chasteté (22e conf.), d'apostolat (24e conf.),
de fraternité (25e conf.), de religion exaltée jusqu'à
la sainteté (28e conf.), de vie morale arrivée à la

plénitude (4e et 5e conf. Toul.) ? — Et si de l'influence sur la vie individuelle, nous passons à l'influence sur la vie sociale, la société catholique ne
nous est-elle pas présentée comme exerçant sur la
société naturelle une bienfaisante influence quant au
droit (32e conf.), quant à la propriété (33e conf.),
quant à la famille (34e conf.), quant à l'autorité (35e
conf.), et comme lui ayant rendu les plus précieux
services par le moyen de ses ordres religieux de
toute espèce (36e conf.) ?

Quant aux modernes qui fonderaient volontiers
une apologétique nouvelle sur l'impuissance de la
raison et le besoin d'une autorité, on peut croire que
le Père Lacordaire, tout en rendant mieux justice
aux forces de la raison, est bien un peu de leur avis,
quand il prouve la nécessité d'une Eglise enseignante
pour l'homme, cet être nécessairement enseigné et
nécessairement trompé par l'enseignement de l'homme
(1re conf.) — quand il étale l'impuissance de la philosophie rationaliste à fonder une société intellectuelle, c'est-à-dire à grouper les esprits dans l'ad-
mission d'idées immuables, fondamentales, librement
reconnues et acceptées par des intelligences de tout
rang (29e et 30e conf.) — quand il réfute les deux
systèmes antagonistes, l'un niant l'esprit, l'autre
niant la matière (48e conf.), le scepticisme refusant
à l'homme la vérité (49e conf.), le déterminisme lui
déniant la liberté (50e conf.) — quand il montre les
contradictions des écoles philosophiques sur le capi-
tal problème des destinées (19e conf.).

Enfin, puisqu'il s'agit de croire et de croire des dogmes bien définis, les difficultés générales à la croyance ne sont donc point les seules, ou, si l'on veut, les difficultés spéciales à chaque dogme apparaissent dans les premières, les augmentent, les rendent plus insurmontables.

Le Père Lacordaire l'a compris. Et si, d'une part, il a cru que la vérité exposée dans sa beauté et sa grandeur était une vérité mieux acceptée, d'autre part, il a pensé que la vérité exposée dans ses convenances avec les principes rationnels et ses analogies avec l'ordre naturel était une vérité plus facilement crue. Il a fait ce double exposé pour la Trinité (46e conf.), la création (47e conf.), le péché originel (61e à 65e conf.), la rédemption (66e conf.), la Providence surnaturelle et ses lois (67e et 68e conf.), ses difficultés aussi, la conciliation de la prescience et de la liberté (50e conf.), l'arbitraire distribution des grâces (69e et 70e conf.), le petit nombre des élus (71e conf.), l'Incarnation (73e conf.), les sacrements (59e conf.), l'Eucharistie (73e conf.), la grâce (60e conf.), l'enfer (72e conf.).

§ 2. — *L'ordonnance.*

Tels sont les nombreux matériaux qui entrent, avec plus ou moins de développement, dans l'œuvre du Père Lacordaire. Mais s'il a fait œuvre apologétique presque complète, il a fait surtout œuvre originale, et l'originalité réside moins dans les matériaux qu'il a employés que dans l'ordonnance qu'il leur a imposée et sur laquelle il s'est lui-même clairement expliqué.

A Mme Swetchine, à laquelle il annonce son premier volume des conférences de Notre-Dame, il écrit : « C'est un point de vue sur la démonstration du christianisme tout différent de ce qui a précédé. Pascal, Bergier, La Luzerne, Frayssinous, tous enfin démontrent la vérité du christianisme par l'extérieur ; ma démonstration est au contraire prise de l'intérieur. C'est un regard dans le dedans de la foi, et la vue de son harmonie avec toutes les lois générales du monde. Et cependant rien n'est nouveau ; l'esprit de l'antiquité, si je ne me trompe, se sent à chaque page ; mais, le point de vue étant autre, on voit les choses sous un autre profil. Je suis étonné moi-même tous les jours de ce qui sort d'un objet dès qu'on le regarde dans un autre sens que celui où l'on avait coutume de l'envisager (1). »

Après avoir, en 1835, traité de l'Eglise, et, en 1836, des sources de la doctrine de l'Eglise, il annonce ainsi, au début des conférences de 1843, la suite de son sujet : « Je devrais, ce semble, tout de suite... regarder la doctrine catholique dans sa face et dans ses entrailles... Je ne le ferai pourtant point encore, car toute doctrine étant un principe de vie, bon ou mauvais, agit nécessairement sur la vie de l'homme, de la nature et de la société, et peut, par conséquent, être considérée sous le rapport des effets

____

(1) Lettre du 24 oct. 1844.

qu'elle produit dans cette triple région. *Or, il est plus naturel d'étudier ainsi une doctrine tout proche de nous, que d'aller d'abord en poursuivre les mystères dans leur nature métaphysique.* » (14ᵉ conf.).

Quand le Père Lacordaire a terminé ce qui regarde l'Eglise considérée dans ses effets, et que de l'œuvre il passe à l'ouvrier, il relie l'une à l'autre par un exposé de la méthode qu'il a suivie : « Le plan de nos Conférences vous est maintenant connu. Nous ne sommes point partis, pour établir la divinité du christianisme, des profondeurs de la métaphysique, ni des régions lointaines de l'histoire ; nous avons pris pour point de départ un phénomène vivant, palpable, qui habite avec nous depuis des siècles... l'Eglise... Nous avons ainsi changé la tactique : au lieu de partir de la base, nous sommes partis du sommet ; au lieu de creuser dans les fondements de la pyramide, nous avons regardé sa tête et sa couronne, commençant par le plus visible pour redescendre ensuite à ce qui est plus caché et qui porte toute la masse. » (37ᵉ conf.). Il faut donc étudier maintenant Jésus-Christ, le fondateur de l'Eglise, montrer sa divinité et la défendre. « Cela fait, il ne nous restera qu'une chose : ce sera d'entrer dans la doctrine même de l'Eglise et du Christ, pour vous l'exposer dans la plénitude de son enchaînement. » (44ᵉ conf.). Et après avoir prouvé la divinité de la doctrine par ses résultats et par son fondateur, ce sera une troisième preuve, car nous sommes ainsi faits qu'à toute doctrine qui nous est présentée, de quelque main qu'elle vienne, nous voulons nous assurer qu'elle a d'autres signes de vérité que les signes extérieurs, si grands qu'ils soient (45ᵉ conf.).

Le Père Lacordaire croyait en effet qu'il était utile d'exposer « les mystères chrétiens, non pas seulement pour les adorer, en vertu de la parole suprême qui les a promulgués comme une loi, mais pour y puiser, par une contemplation directe, des raisons de les vénérer et de les aimer... nous montrer leurs rapports intimes avec les besoins de notre cœur et les grandes lois de la société... répondre à une sollicitation qui fut toujours plus ou moins vive de la part de l'esprit humain. Les premiers apologistes, tout en s'appuyant sur les miracles et les prophéties, qui sont le signe sensible de la divinité, ne négligeaient pas non plus cette autre présence de Dieu qui se manifeste au fond même de la doctrine. Les miracles et les prophéties sont le vase de la vérité révélée, mais la vérité elle-même a son goût et son arôme, et, si précieux que soit le vase, la liqueur se trahit aussi par sa propre vertu... Que d'hommes aujourd'hui pour qui le christianisme n'est qu'une suite d'assertions absurdes reposant sur des faits impossibles, et qui cependant ne sauraient affronter la lecture de l'Evangile sans une sorte de stupeur mêlée d'attendrissement... Ouvrez-leur, s'il est possible, ouvrez-leur le dedans, et peut-être une larme ou un éclair vous apprendront qu'une âme de plus appartient à la vérité (1). »

(1) Lettre à A. Nicolas.

Et une fois faite l'exposition de la doctrine catholique, au commencement de la dernière conférence de 1851, qu'il ne savait point être la dernière de son enseignement à Notre-Dame, mais qui était bien la dernière de son enseignement dogmatique, le Père Lacordaire expose avec plus d'ampleur l'idée inspiratrice et ordonnatrice de son œuvre : « Il y a vingt-sept ans, lorsque Dieu me rendit la lumière que j'avais perdue par ma faute, il m'inspira aussitôt la pensée de me consacrer à son service dans le ministère sacré, et je n'eus dès lors rien de plus présent à l'esprit que cette conviction que beaucoup d'hommes demeurent éloignés du christianisme parce qu'ils ne le connaissent pas, et qu'ils ne le connaissent pas parce qu'on ne le leur enseigne point... J'avais trente-trois ans lorsque me fut imposé l'honneur de vous enseigner la foi... Etais-je suffisamment préparé à ce devoir, ne l'étais-je pas ? Je l'ignore, Dieu le sait... Quoi qu'il en fut alors, quoiqu'il en soit aujourd'hui, il me fallait cette imprudence que donne la jeunesse, soutenue de la sécurité que donne une vocation présumée... Tout le christianisme se montra devant moi comme devant un homme qui allait en être l'architecte pour une génération. Si je consultais mes prédécesseurs pour apprendre d'eux l'art d'exposer de si grandes choses, je les voyais mettre Dieu au commencement et comme à l'avant-garde de leur œuvre, sous la protection d'une profonde métaphysique ; puis, de là, redescendre au peuple juif, dans les abîmes de l'histoire, et enfin arriver au Christ et

4

à l'Eglise fondée par lui. Sans blâmer cet ordre je ne l'acceptai point. Il me sembla qu'il ne fallait partir ni de la métaphysique, ni de l'histoire, mais prendre pied sur le sol même de la réalité vivante, et y chercher les traces de Dieu... Or l'Eglise catholique est présentement la grande merveille révélatrice de Dieu. C'est elle qui remplit la scène du monde d'un miracle qui a aujourd'hui dix-huit siècles de durée... c'est donc par l'Eglise qu'il faut ouvrir la démonstration du christianisme parce qu'elle en est le sommet, et qu'on la découvre d'abord, comme aux rivages du Nil on découvre de loin la tête solitaire et illuminée des Pyramides. Ainsi avons-nous fait... On nous vit étudier ensemble... l'Eglise... et à chaque point que je touchais... je vous disais : *Deus, ecce Deus*... Puis, ce majestueux et incomparable édifice étant reconnu surhumain, nous en recherchâmes l'auteur... le Christ... (qui) nous parut unique comme l'Eglise, et le seul qui, ayant osé se dire Dieu, eût réellement parlé, agi, vécu comme un Dieu... Cela fait, l'Eglise à ma gauche, le Christ à ma droite, l'œuvre et l'ouvrier reconnus divins, j'entrai hardiment dans les entrailles du dogme que nous tenions de ces deux sources... » (73ᵉ conf.).

Matériaux et ordonnance, voilà le plan que se traça et réalisa le Père Lacordaire. Peut-on le caractériser d'un mot? Il nous semble que c'est possible, et que le nom d'*inductive* ne serait pas trop mal choisi, si même il n'est pas absolument adéquat, pour qualifier la méthode employée par le Père Lacordaire. Qu'est-ce que l'induction ? Des faits remonter à la cause. Et il ne prétend pas à autre chose. Son point de départ, ce sont des faits : c'est l'Eglise ; ce sont les effets produits par l'Eglise ; c'est Jésus-Christ, fondateur de l'Eglise ; c'est la doctrine de l'Eglise. De ces faits il recherche et découvre la cause, divine partout et toujours. « A chaque pas que nous faisons dans l'é-tude de la doctrine catholique, nous sommes toujours forcés de conclure qu'elle possède des caractères qui lui sont propres et que nulle autre n'a su se donner... Là est un signe qui n'est qu'à nous. » (28ᵉ conf.).

« Prenant dans le monde l'Eglise qui est un corps visible et vivant, j'avais à vous prouver qu'il est divin, c'est-à-dire que ce n'est pas l'homme qui l'a fondé, mais Dieu. La démonstration a été longue, car j'y suis revenu à cinq fois. En 1835, j'ai traité devant vous de la constitution organique de l'Eglise et vous ai fait voir qu'elle était surhumaine. En 1836, j'ai examiné sa constitution doctrinale et vous ai fait voir qu'elle était également surhumaine. Dans les trois dernières années qui viennent de s'écouler, je vous ai montré par les effets de la doctrine catholique sur l'esprit, sur l'âme et sur la société, qui sont les trois théâtres de toute action, que l'Eglise, déposi-taire et organe de cette doctrine, était évidemment douée d'un pouvoir incomparable et surhumain. » (36ᵉ conf.).

Voilà pour l'Eglise, et voici pour le Christ : « Nous, catholiques, nous expliquons la vie du Christ, nous expliquons le succès qu'il a obtenu... par ce seul mot, que Jésus-Christ est le Fils de Dieu ». (44ᵉ conf.).

Et voici enfin pour la doctrine de l'Eglise considérée en elle-même : « L'Eglise est la plus haute puissance métaphysique : en ce sens que sur les mystères dont se composent les destinées humaines, mystères qu'elle ne crée pas, mais qu'elle explique, elle possède les solutions les plus rationnelles, les plus élevées devant lesquelles ne sauraient tenir celles qu'ont proposées, en divers temps, les doctrines religieuses et philosophiques », (2ᵉ conf.) ce qui lui assure sur toutes « une incontestable et *divine* supériorité. » (45ᵉ conf.).

En un mot, à prendre l'Eglise comme un fait complexe et à chercher la cause des multiples éléments de sa complexité : constitution, sources doctrinales, effets, fondateurs, correspondance de sa doctrine avec la raison, et de son efficacité avec la vie, la réponse de cette méthode inductive et expérimentale est toujours et partout identique : Dieu.

§ 3. — *La manière.*

Quand à la *manière*, elle dépend de l'homme et reflète sa personnalité.

Le Père Lacordaire expose la doctrine de l'Eglise, il parle donc d'abord et avant tout en *théologien*. Il a été de mode, à un certain moment, de traiter sa théologie avec quelque dédain ; mais, à y regarder de près, ses ennemis eux-mêmes, qui n'eussent pas mieux demandé que de le trouver et de le prendre en défaut, ne pouvaient incriminer précisément aucune de ses doctrines et en étaient réduits à se scandaliser de ce qu'ils appelaient la hardiesse et l'inconvenance de son langage. M. Foisset s'est laissé, dirait-on, émouvoir par ces insinuations, il plaide les circonstances atténuantes, il concède que « Lacordaire n'était point assez théologien, qu'il manqua de direction dans ses études et aussi de temps pour faire la synthèse de ses connaissances (1) ». Expressions assez vagues que ce manque de direction et ce défaut de synthèse.

En fait, Lacordaire étudia beaucoup, d'abord pendant les quatre années qu'il passa à Saint-Sulpice ; puis, pendant les trente mois qui suivirent son ordination sacerdotale, il eut le loisir de faire de vastes lectures, et il en profita ; à Rome, après ses deux premières années de conférences, il consacra un certain temps à lire le théologien Petau, qui représente à la fois les Pères et les scolastiques ; enfin son entrée chez les Frères Prêcheurs l'initia au grand docteur saint Thomas. Il connaissait donc la religion et la *théologie.* D'ailleurs, il faut s'entendre sur ce mot, assez vaste et assez vague, qui peut désigner les questions d'école et de système, comme aussi le substantiel et le positif du dogme. Cette dernière partie — quoiqu'il en soit de l'autre — il la connaissait et parfaitement (2).

De plus, ce qui pourrait faire illusion et ce qu'il

(1) *Vie du R. P. Lacordaire*, t. II, c. 20, Paris, 1873.
(2) *R. P. Fontaine. S. J. La Chaire et l'Apologétique au* XIXe *siècle*, pp. 27-31 ; Paris, 1887.

faut remarquer, c'est qu'il n'a pas fait de la théologie, mais de l'*apologétique*. Aussi, même quand il traite des dogmes, son but est moins de les exposer pour eux-mêmes et en eux-mêmes, que de les présenter par leurs côtés, vrais sans doute, mais où des ressemblances et des analogies avec l'ordre naturel les rendent plus accessibles et plus acceptables à une raison que la foi n'a pas encore captivée. C'est ce qu'il a fait pour la Trinité, pour les sacrements, pour l'Eucharistie... exposant, à propos de la première, les lois primordiales de la vie et de la fécondité ; à propos des seconds, la notion d'instrument et l'utilisation faite par l'homme des forces matérielles qui lui servent et qu'il transforme ; à propos de la dernière, le phénomène d'irradiation ou expansion des corps hors d'eux-mêmes. Et il ne se méprend ni ne s'abuse sur la valeur de ses explications : « Je ne vous ai pas démontré le mystère de la Sainte Trinité, mais je l'ai mis dans une perspective où l'orgueil ne le méprisera qu'en s'insultant lui-même. »

Et la preuve de sa pénétration des dogmes et des mystères, c'est qu'il en est devenu maître, au point que leur exposé est son triomphe. « Nos plus illustres auteurs se mesurent-ils avec ces sujets dogmatiques, leur style garde son éclat, mais perd d'ordinaire quelque chose de son onction et revêt facilement une certaine sécheresse métaphysique. Lacordaire porte là comme partout non seulement la clarté habituelle de son esprit, mais encore les émotions de sa sensibilité, la tendresse de son cœur, le coloris de sa vive imagination, c'est avec son âme tout entière qu'il a saisi et s'est assimilé ces vérités supérieures ; c'est avec son âme tout entière qu'il les exprime. Ainsi il s'est formé une langue théologique... Certaines de ses pages rappellent la grandeur, l'élévation de Bossuet, avec je ne sais quoi de plus chaud et de plus vibrant (1). » On dirait que pour lui s'est réalisé ce qu'il dit quelque part de l'artiste : « L'artiste a eu dans son âme une vision du vrai et du beau. L'horizon s'est déchiré sous son regard, et il a saisi, dans le lointain lumineux de l'infini, une idée qui est devenue la sienne et qui le tourmente jour et nuit. Que veut-il, qu'est-ce qui le trouble ? Il veut rendre ce qu'il a vu et entendu ; il veut qu'une toile, qu'une pierre ou qu'une parole exprime sa pensée comme elle est en lui, avec la même clarté, la même force, la même poésie, la même accentuation... »

Si le Père Lacordaire traite ainsi par l'extérieur le dogme lui-même, à plus forte raison prendra-t-il plus de libertés encore avec des sujets plus généraux, et ces libertés mêmes lui sont commandées par son caractère d'apologiste qui doit non pas étudier la vérité *en soi*, mais la présenter et la prouver aux incroyants *en eux-mêmes*. « L'orateur doit compter avec leurs habitudes intellectuelles, leurs répugnances, leurs préjugés et leurs passions. Il faut qu'il trouve dans les choses qui les entourent, dans cet ordre inférieur des vérités naturelles qu'ils admettent, des

(1) Fontaine, ouv. cit., p. 36.

preuves qui les inclinent vers l'acceptation du dogme. Les preuves nécessaires, il les tire de partout : il les demande à la raison, à la conscience, à l'histoire, à l'économie politique, à la philosophie, à la métaphysique elle-même, que par un prodige sans précédent, il réconcilie avec l'éloquence (1) ».

Il est donc apologiste, c'est-à-dire que, par des preuves adaptées à son auditoire et prises de partout, il venge le catholicisme et montre sa vérité. Mais ces preuves qu'il emploie, quelle en est la valeur ? Il me semble qu'une question préalable se pose. Ce n'est pas de l'apologétique en soi qu'a faite le Père Lacordaire, c'est de l'apologétique oratoire et donc populaire, au meilleur sens du mot. Par là même, il devait éviter toute discussion trop aride et trop scientifique ; user — et il l'a fait — mais n'abuser pas de l'histoire, de l'exégèse, de la philosophie. Et cette sobriété, ce ralliement à la simplicité, cette adoption des preuves accessibles à tous, il les a pratiqués intentionnellement et à bon escient. « Ce que vous me dites sur la psychologie du P. Gratry ne m'étonne pas. C'est un homme d'un vrai mérite, et même d'un rare mérite, mais qui, étant mathématicien, n'a pu se séparer de cette science, et a dû joindre à ses aperçus théologiques bien des aperçus très contestables. La preuve de l'existence de Dieu par le calcul infinitésimal est, à mon sens, une très malheureuse idée, et cependant il a bâti là-dessus tout un

(1) Fontaine, ouv. cit., p. 45.

système exclusif de démonstration, ne se contentant pas de le donner pour sien, mais l'exposant comme le vrai, et comme un progrès considérable sur les démonstrations antérieures. Presque tous les hommes de notre temps sont systématiques et échafaudent la défense de la vérité sur une idée qu'ils appliquent à tout, et qui, venant à tomber, entraîne naturellement l'édifice. J'ai pris à tâche, au contraire, de laisser de côté tous les systèmes et d'appuyer la religion sur des preuves naturelles en leur donnant seulement un tour particulier. Aussi n'ai-je aucune réputation de philosophe ni même de théologien, parce que je n'ai inventé aucun système qui me soit propre et personnel ; mais j'espère aussi que mes travaux, s'ils doivent vivre, auront un caractère plus généralement applicable à tous les esprits (1). »

Ne dirait-on pas qu'il a prévu ce mot de M. d'Haussonville parlant de lui : « Il n'était guère métaphysicien (2) ». Il est vrai que M. Foisset lui a reproché de l'être trop. « Il avait un faible pour l'ingénieux... il se laissait aller jusqu'au subtil... il n'a pas assez évité de donner à la vérité les apparences du paradoxe. C'est ainsi qu'il y a trop de métaphysique et d'une métaphysique abstraite... dans le plan et jusque dans les titres des conférences de Notre-Dame (3). » Vraiment il n'y a rien comme la métaphysique pour ne pas s'entendre, et son nom seul y suffit !

(1) Lettre à Mme de Prailly, 23 fév. 1858.
(2) Lacordaire, p. 140. Paris, 1895.
(3) Foisset, ouv. cit., t. II, c. 20.

Le Père Lacordaire avait l'esprit philosophique, et pourquoi ne dirais-je pas : métaphysique ? sa manière d'envisager un sujet et de le ramener à ses causes, à ses notions, à sa définition, le prouve. Dans quelle mesure l'était-il, et l'était-il en ce sens qu'il avait étudié les différents systèmes et les différentes écoles ? qu'il l'ait fait ou non et quoiqu'il ait défini Dieu d'après le panthéisme spinoziste « une cristallisation dont l'homme est une facette », son œuvre n'en porte et n'en devait porter que peu de traces.

Pareille conclusion pour ce qui regarde son éducation historique. Etait-elle vaste et précise ? Montalenbert, qui était historien, le nie. M. Foisset a répondu que, sans avoir *étudié* l'histoire, il avait lu « tous les historiens que lisaient au temps de sa jeunesse les hommes lettrés qui possédaient l'instruction courante ; et par une sorte de divination, il a eu souvent, sur l'histoire, des aperçus d'une portée vraiment supérieure (1) ».

On peut dire qu'il a mis au service de son œuvre apologétique assez de philosophie et d'histoire pour l'asseoir sur les grandes idées rationnelles et les grands faits religieux, historiques et sociaux ; pas assez pour répondre aux exigences d'esprits spécialistes, préoccupés et pénétrés de critique philosophique et historique ; ses conclusions restent stables pourtant et demandent non à être remplacées, mais fortifiées.

(1) Foisset, *ibid.*

C'est qu'il ne s'agissait pas de parler de philosophie, d'histoire ou de science, mais il fallait parler
aux hommes de son temps des questions qui les
intéressaient. Les foules, attirées d'abord par la cu-
riosité, devenaient attentives, les indifférents devenaient respectueux, parce que « aux enfants d'un
siècle à la fois inquiet et orgueilleux il avait du premier coup deviné le langage qu'il fallait parler ».
S'il parlait à des hommes qui aimaient leur siècle, il
leur montrait en même temps qu'il « l'aimait autant
qu'eux ; comme eux, il se réjouissait d'en être l'en-
fant, et loin de se répandre en regrets stériles sur le
passé ou en prédictions funèbres sur l'avenir, son
orgueil filial se félicitait à l'avance des progrès de
toute sorte dont leur âge serait témoin (1) ». —
« Nous avons essayé de parler des choses divines
dans un langage qui allât au cœur et à la situation
de nos contemporains. » Il avait essayé et il avait
réussi.

Mais ce langage, qui rendait tous les sons de l'ac-
tualité, rendait aussi l'éternel son de l'âme et de la
vie humaines. Le titre de « romantique de la chaire »,
qu'on lui a donné parfois, a un sens vrai et profond,
si l'on se reporte à l'exacte définition du romantisme :
l'invasion du moi dans la littérature. Mais ce n'est
pas le moi personnel qui tient beaucoup de place
dans les conférences : c'est le moi humain. D'autres
prédicateurs avant lui l'avaient connu, le nom de

____

(1) Haussonville, p. 104.

Bourdaloue, le moraliste perspicace, monte aux lèvres ; mais Bourdaloue connaissait surtout le pécheur, Lacordaire a connu et fait parler l'homme. « De cette génération vibrante et tumultueuse à laquelle il s'adressait il avait compris les espérances, les inquiétudes, les mélancolies, les passions. Sa voix était un écho, et cet écho renvoyait à chacun les paroles qu'il s'était adressées à lui-même dans le secret de son cœur. Qui avait foi en la liberté était obligé de reconnaître qu'il parlait aussi fièrement qu'un autre. Qui était triste se plaisait à lui entendre dire que la mélancolie est la grande reine des âmes qui sentent vivement. Qui avait aimé retrouvait, jusque dans la façon dont il parlait de l'amour de Dieu, quelques palpitations de l'amour humain... Il n'y a pas un sentiment humain qui ne trouve chez Lacordaire son expression éloquente... Les auditeurs n'étaient pas accoutumés à entendre tomber du haut de la chaire des paroles aussi humaines (1). »

Ces paroles « si humaines » étaient des paroles divines, tout autant. Le Père Lacordaire avait une âme d'apôtre et un langage d'apôtre. Au début, on a pu — et pas tout le monde — s'y tromper ; mais, depuis les révélations de sa vie intime, la preuve est faite. Des cris, d'ailleurs, comme son invocation si pathétique : « O Père ! O Maître ! O ami ! O Jésus ! » « cet accent qui le trouble lui-même et qu'il ne se connaissait pas », ne pouvaient jaillir comme un flot

(1) Haussonville, p. 144-147.

irrésistible que d'une âme où la contemplation, l'amour, le sacrifice avaient creusé une source profonde.

Le Père Lacordaire, dans une de ses conférences, a établi cette proposition : La grâce ne peut se passer de la nature, même dans les opérations de la grâce (60° conf.). Il en est lui-même un exemple, car en lui, les dons de la grâce furent aidés, et puissamment, par ceux de la nature. S'il devint apôtre, il était né orateur. Ses débuts au collège Stanislas furent un évènement. Maurice de Guérin, un témoin, écrivait : « C'est quelque chose d'inouï que cette éloquence, cette inspiration. Il n'est bruit que de cela dans le monde philosophique et religieux ». Sainte-Beuve, dans une Causerie du Lundi (1) sur le Père Lacordaire orateur, le dépeint ainsi : « Parmi les orateurs de la chaire moderne... il n'en est aucun qui, par la hardiesse des vues et l'essor des idées, par la nouveauté et souvent le bonheur de l'expression, par la vivacité et l'imprévu des mouvements, par l'éclat et l'ardeur de la parole, par l'imagination et même la poésie qui s'y mêlent, puisse se comparer au Père Lacordaire... Il enlève, il étonne, il conquiert, ou du moins il porte des coups dont on se souvient. Il a du clairon dans la voix, et l'éclair du glaive brille dans sa parole. Il possède l'éloquence militante appropriée à des générations qui ont eu Chateaubriand pour catéchiste et qu'a évangélisées

____

(1) T. I, p. 208 et p. 218. Paris, 1851.

Jocelyn après René ». M. d'Haussonville insiste sur
l'un des caractères les plus remarquables de son éloquence « un mouvement continu qui entraîne depuis
les premiers mots jusqu'à la fin. On est saisi, em-
porté par le torrent de la parole, et le sens critique
qui pourrait trouver tel raisonnement faible, telle
métaphore incorrecte, telle expression impropre, de-
meure subjugué et vaincu. Or, le mouvement demeu-
rera toujours la qualité maîtresse de l'orateur (1) ».
Toutes ces descriptions n'égalent pas ce simple mot
d'un de ses auditeurs, devenu plus tard dominicain,
le P. Manuel : « C'étaient des orgies d'éloquence ! »

Hélas ! Qu'est-ce que l'orateur ? Une voix. Et
qu'est-ce qu'une voix, quand elle a cessé de résonner ?
Le Père Lacordaire n'a-t-il pas écrit avec une certaine mélancolie : « L'orateur et l'auditoire sont
deux frères qui naissent et meurent le même jour...
Voilà le sort de l'orateur. Cet homme qui a ravi des
multitudes descend avec elles dans un même silence.
En vain la postérité fait effort pour entendre sa voix
et celle du peuple qui l'applaudissait ; l'une et l'autre
vont s'évanouissant dans le temps comme le son
s'évanouit dans l'espace. » Et, dans sa préface aux
Conférences de Notre-Dame : « Appelé par le choix
de deux évêques dans la première chaire de l'Eglise
de France, j'y ai défendu la vérité comme j'ai pu, avec
un accent sincère du moins, et qui a touché des
âmes. Je publie aujourd'hui les paroles que j'y

(1) Ouv, cit. p. 143,

disais. Elles arriveront au lecteur froides et décolo-
rées ; mais quand au soir de l'automne, les feuilles
tombent et gisent par terre, plus d'un regard et plus
d'une main les cherchent encore, et, fussent-elles
dédaignées de tous, le vent peut les emporter et en
préparer une couche à quelque pauvre dont la Providence se souvient au haut du ciel. »

Est-ce à dire que cette éloquence, d'un si grand
effet quand elle était parlée, ait tout perdu en devenant écrite ? Non, d'autant plus qu'une révision at-
tentive a corrigé ce que l'improvisation pouvait
avoir, à certains moments, de défectueux. « Si l'orateur (en Lacordaire) était parfois inégal, l'écrivain ne
l'est presque jamais. Il a su, par une exception des
plus rares, unir en sa personne deux dons qui semblent s'exclure l'un l'autre : il a été ce que n'ont pu
être Fox, Mirabeau, Berryer, tout à la fois un orateur
incomparable et un très remarquable écrivain. C'est
le témoignage d'un excellent juge (Montalembert)
que, de tous les improvisateurs connus, il n'y en a
pas un dont les discours résistent aussi bien à la lecture que ceux du P. Lacordaire : il n'y en a pas qui
aient conservé, dans cette redoutable épreuve, autant
de vie, de flamme et de couleur... Ceux qui l'ont
entendu retrouvent aisément, quand ils le lisent,
l'attrait invincible qu'ils ont naguère subi. Ceux qui
ne pourront que le lire découvriront en lui, malgré
tous ses défauts, à côté d'un orateur merveilleux un
écrivain d'un ordre supérieur (1) ». Tel il est, au-

(1) Foisset, op. et loc. cit.

jourd'hui encore, dans son œuvre apologétique.

Lacordaire ! Nom grand et immortel ! A lui seul n'évoque-t-il pas la pensée qui plane, l'éloquence qui entraîne, le trait qui porte, le mot qui peint, et, dans un ordre plus élevé, la connaissance du vrai, l'instinct du beau, l'ardeur du bien, la passion des âmes, l'amour de Jésus-Christ et de Dieu : un esprit supérieur, un noble caractère, l'âme d'un saint.

TABLE DES MATIÈRES

FIN DE LA TABLE

Saint-Amand (Cher). — Imprimerie BUSSIÈRE

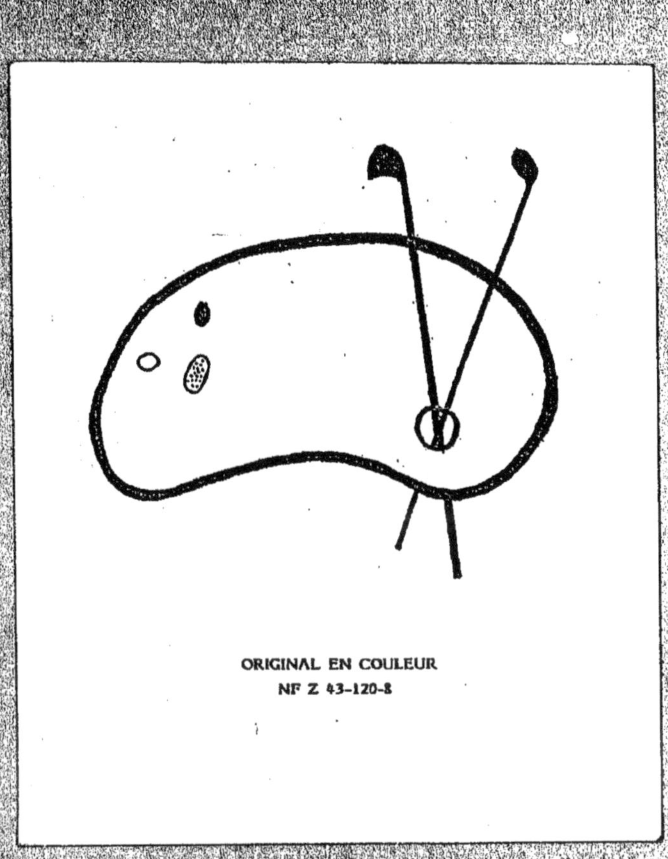

ORIGINAL EN COULEUR
NF Z 43-120-8

9 782019 932268